LE CITOYEN.

Marseille, que son antiquité a rendue célèbre, était autrefois le modèle de la vertu et du talent, cette rivale
d'Athènes acquit à juste titre la considération des romains
qui y envoyaient leurs fils pour y puiser toutes les con-
naissances utiles. Mais le temps qui semblait devoir
encourager cet avenir de développemens intellectuels pré-
sente au contraire le spectacle du découragement et de
la démoralisation, l'instruction politique, comme les principes de la morale, sont remplacés par l'égoisme qui est
une des plaies les plus frappantes des sociétés modernes,
une bonne éducation peut seule nous ramener vers ces
temps heureux où Marseille offrait l'exemple des senti-
mens les plus sublimes. Depuis long-temps ce besoin est
senti par tous les hommes éclairés, ils voient bien
que l'instruction est le seul moyen qu'on doit employer
pour améliorer le sort des masses, et les faire sortir
de la nullité politique dans lesquelles on les a tenues trop
long-temps.

Il faut avouer aussi, que les gouvernemens qui se sont
succédés ne leur ont pas rendu cette noble tache facile.
La restauration, mettant le peuple sous le joug du clergé, en-
travant les enseignemens mutuels pour y substituer les écoles
des jésuites et des frères ignorantins, contribua beaucoup
à maintenir chez lui l'ignorance de tout ce qui est utile
et moral.

Nous espérions après la révolution de juillet, voir les
hommes sortir de cette ignorance qui les dégrade, et
qui sert admirablement les ennemis du peuple, lesquels
en profitent pour l'induire dans des erreurs qui lui sont
toujours funestes. Nous nous sommes trompés, lorsque

nous avions cru que le nouveau pouvoir élevé sur
les barricades songerait au moins à ceux qui l'ont porté
où il est aujourd'hui. La liberté n'a point été donnée à
l'enseignement, c'est pourquoi tous les bons citoyens doivent unir leurs efforts et réaliser par leurs écrits, ce qu'un
gouvernement se disant populaire aurait du faire depuis long
temps. Ainsi donc, faire comprendre le besoin que le peuple a de s'instruire, et les immenses avantages qu'il en re-
cueillera, telle est la tache que nous nous imposons; que le
peuple écoute nos conseils, ils sont ceux d'hommes qui se
glorifient d'être dans ses rangs et qui s'élèvent un moment au-dessus de lui, pour pouvoir lui montrer du doigt
ses devoirs et ses droits dans la société, afin qu'il ne puisse
plus désormais servir de dupe aux intrigans de toute
espèce, qui l'exploitent en le méprisant.

Lire et écrire sont les bases de l'éducation; sans ces
premiers élémens, on ne peut acquérir une connaissance
positive de ses droits.

L'homme qui sait lire, écrire, n'a besoin de personne
pour régler ses affaires, il n'est plus obligé de croire sur
parole tout ce qu'on peut lui dire, parceque, par la lec-
ture, il vérifiera lui-même les faits, et verra si on lui dit
toute la vérité, si on ne lui cache pas ce qui peut faire
son bonheur ; cette étude développant progressivement
son intelligence, il comprendra qu'il est digne de jouir
d'un sort meilleur, et que, si par son travail il rend de
grands services, il peut en rendre de non moins grands
par son éducation morale et politique.

Les temps de servitude et d'ignorance sont passés; il
faut aujourd'hui que chacun soit instruit, il faut que tous
les hommes puissent apprécier, toucher, voir ce qui peut
les rendre heureux; il faut que le peuple connaisse ses
vrais amis, alors seulement la tranquillité sera durable,
le commerce, l'industrie, les arts, les sciences, décuple-
ront par les efforts intellectuels et physiques de tous les
hommes, qui pourront alors prendre une part quelcon-
que et plus ou moins directe à l'une ou l'autre de ces
branches.

Les gouvernemens absolus n'existent que par l'ignorance que le peuple a de ses droits, aussi voudraient-ils
continuellement le tenir dans cet état. Heureusement
l'instruction se fait jour de tous cotés et nous voyons
que ce sont les peuples les plus éclairés qui ont jeté les

premiers le cri de *Liberté* et de *Justice*; ce cri retentira et les révolutions ne finiront que lorsque tous les peuples ayant la conviction que de leur union dépend leur bonheur, se tendront les bras, et substitueront la sainte alliance des peuples à la sainte alliance des rois.

Comme nous le voyons, pour atteindre ce but il faut l'éducation; il la faut parcequ'elle fortifie l'homme dans sa conviction et qu'elle lui découvre la vérité, parcequ'elle le rend digne de la grande famille dont il fait partie et qu'il doit soutenir de ses travaux, parcequ'enfin avec l'instruction, tout homme connaît ses droits et ses devoirs envers les autres hommes et que dans une société tellement organisée, toute tyrannie et toute anarchie deviennent impossible.

Que nos efforts soient secondés, et bientôt Marseille moderne éclipsant l'antique Massilie, offrira aux nations émerveillées, le spectacle sublime d'une cité où l'hospitalité, l'instruction et la science auront des temples, et où la liberté seule règnera.

CREDO D'UN PATRIOTE.

Je crois que l'on peut croire en Dieu sans être forcé de croire tout ce qu'en disent des prêtres intéressés, qui ne le connaissent pas mieux que des hommes honnêtes qui l'adorent dans le nuage, dont son essence est enveloppée.

Je crois qu'on peut se défier de son prêtre ou de son curé sans être un incrédule ou un athée pour cela. Je crois que la religion des prêtres n'est point toujours la religion de Dieu.

Je crois que l'on ne sera point damné pour ne pas croire ce que l'on ne peut point croire; je crois que l'on peut être sauvé en s'en tenant à l'évangile, à la vérité, à la doctrine pure de Jésus-Christ.

Je crois que les vrais athées(1) sont ceux qui font de Dieu un être aussi contradictoire et aussi méchant qu'eux-mêmes

(1) Qui ne croient pas à l'existence d'un Dieu.

Je crois que les vrais athées sont ceux qui se mettent à la place de ce Dieu, qui méprisent ses lois, qui violent les sermens qu'ils ont faits en son nom, qui agissent comme s'ils ne croyaient point à la divinité qu'ils annoncent, ou qu'ils la font parler suivant leurs fantaisies.

Je crois que les athées eux-mêmes ou les incrédules sont des hommes moins dangereux, quand ils agissent en gens de bien, que ceux qui sous le prétexte de la cause de Dieu, prêchent la discorde, font commettre des crimes et mettent les états en combustion. Je crois que nos prêtres ne croient pas tout ce qu'ils nous enseignent.

Je crois que l'on peut croire en Jésus-Christ sans croire à ceux qui se disent ses ministres et ses représentans sur la terre, surtout lorsque ceux-ci donnent continuellement des démentis formels à Jésus-Christ. Je crois que l'on peut reconnaître la divinité de Jésus-Christ, et nier la divinité des prêtres.

Je crois qu'il est possible de croire au Saint-Esprit sans croire que tout ce que disent les prêtres ou les évêques soit inspiré par le Saint-Esprit, surtout quand les prêtres se contredisent eux-mêmes, et anathématisent dans un tems ce qu'ils ont consacré dans un autre.

Je crois qu'on peut croire à l'église sans croire que les prêtres seuls sont l'église, ou que les décisions de ces prêtres sont des règles infaillibles.

Je crois que la religion n'est point en danger toutes les fois que les prêtres crient; je crois que ce sont les prêtres fourbes qui seuls sont en danger lorsque les nations s'éclairent. Je crois que la religion ne s'en trouverait que mieux si les gouvernemens faisaient crier les prêtres encore plus fort qu'ils ne font.

Je crois qu'on peut croire à la Bible sans croire aux explications extravagantes qu'en donnent souvent les prêtres ; je crois que ce livre entendu naturellement, condamne souvent la conduite des prêtres.

Je crois que le plus grand nombre des chrétiens ne comprend rien à la théologie, (1) et que nos femmes seront sauvées sans se mêler des disputes intéressantes sur la prédestination ou la grâce.

Je crois qu'un bon prêtre est un homme véridique, sociable et doux, je crois qu'un prêtre imposteur, intolérant,

(1) Science qui traite des choses de Dieu

persécuteur est un mauvais citoyen. Je crois qu'un caractère sacré ne peut rendre un fripon sacré.

Je crois qu'on peut être sauvé sans croire que le Pape est le souverain des rois, qu'il peut les déposer, qu'il peut délier les sujets du serment de fidélité. Je crois que le royaume des prêtres n'est pas de ce monde, et que leur domination n'est pas la plus douce et la plus heureuse que l'on puisse avoir ici-bas.

Je crois qu'on peut être sauvé sans croire que nos évêques d'aujourd'hui sont les successeurs des apôtres, qui ne possédaient rien.

Je crois qu'on peut être bon chrétien et bon citoyen sans se croire en conscience obligé de haïr son prochain et ses concitoyens, quand ils ne pensent pas comme nous ou comme notre curé.

Je crois que l'on peut être bon-voisin sans se mêler de la conscience de son voisin. Je crois que l'on peut aimer son prochain sans se croire obligé de pousser la charité jusqu'à le tourmenter et le mettre au désespoir pour ses opinions.

Je crois qu'on peut aimer Dieu sans croire pour cela qu'il faut tuer tous ceux qui déplaisent à ses prêtres, ou qu'il faut exterminer ceux à qui Dieu n'a pas donné la foi.

Je crois qu'on peut avoir de la foi sans croire tout ce qu'il plait aux prêtres de nous faire croire. Je crois que les prêtres manquent souvent de foi, vû que nous ne leur voyons guère transporter des montagnes.

Je crois que sans nuire à l'espérance chrétienne on peut espérer de voir un jour les prêtres plus raisonnables; je crois que l'on peut espérer que les princes et les peuples sentiront la folie de persécuter pour des opinions.

Je crois que pour être humble et pour prêcher le détachement des choses d'ici-bas, il n'est point nécessaire d'avoir un beau carrosse et de gros revenus; je crois que si les évêques et les prêtres allaient à pied, la religion et l'état en iraient beaucoup mieux.

Je crois que l'on peut être chaste sans garder le célibat, je crois qu'un homme pour être marié n'en est pas moins un bon citoyen. Je crois que si les prêtres se mariaient, ils seraient plus dociles et moins turbulens qu'ils ne sont.

Je crois que lorsqu'on se répent sincèrement de ses fautes, Dieu les pardonne, même sans en avoir reçu la permission d'un prêtre. Je crois que souvent les prêtres commettent autant de fautes que les laïques.

Je crois que Dieu n'est pas aussi méchant que ses prêtres; je crois que Dieu ne se fache point contre ceux qui ne croient pas à l'infaillibilité du Pape.

Je crois que la divinité n'aime point les paresseux. Je crois que Dieu préfère un laboureur honnête, qui travaille à nourrir la société, à un évêque, à un prêtre, fainéans qui ne sont rien pour la société.

Je crois que l'imposition des mains sur la tête d'un prêtre ne lui confère d'autre grâce que de le mettre en état d'obtenir des bénéfices. Je crois que cette imposition ne lui donne pas le droit d'être inutile ou nuisible à la société.

Je crois que Dieu est juste et qu'il ne punira personne pour avoir suivi sa conscience ou erré de bonne foi ; je crois que Dieu est sage et raisonnable, et qu'il n'est pas aussi ennemi de la raison que ses prêtres.

Je crois qu'un Dieu juste doit punir, s'ils ne se corrigent et se répentent, des hommes cruels, sanguinaires, sans conscience, qui se servent de son saint nom pour justifier la tirannie, la persécution, les assassinats, et qui assurent qu'on plait à Dieu en détruisant ses créatures ou ses images.

Je crois qu'il pourrait bien se faire que nos guides ne rencontrassent point eux-mêmes le paradis où ils prétendent nous guider.

DE LA CHARTE OU CONSTITUTION;

CE QUE C'EST OU DEVRAIT ÊTRE.

Le roi est sur son trône ; le peuple devant lui, qui dit : « Sire, vos devanciers, se gênant peu avec nos pères, et les traitant au jour le jour, se sont fourvoyés le plus souvent, et s'était grand'pitié de vivre alors. Nous vous supplions qu'il n'en soit plus de même s'il se peut. Vos droits nous sont connus ; mais enfin, puisqu'il faut le dire, le bon Dieu nous fit hommes comme vous, sauf

respect , et nous donna même quelque peu de raison.
Veuillez donc nous traiter humainement et raisonnable-
ment. Faites avec nous un pacte d'alliance, qui serve de
règle commune, et qui nous permette de vivre tranquilles
dans nos maisons et vous sur le trône. »

Le roi, homme de sens, et qui croit s'apercevoir que
chez les conquérans, au lieu de l'air soumis et béat de
leurs grands pères, se montre une mine assurée , un œil
ouvert, et quelque peu de savoir-vivre, répond: « Peuple,
composé de gens qui me valez, au bout du compte, ce
que vous me proposez étant juste, raisonnable et conforme
à mon intérêt bien entendu, je ne saurais m'y refuser ab-
solument. J'ai lu, en effet, dans ma Bible, que Dieu fit
jadis un pacte d'alliance avec son peuple : cet exemple,
que je pense, ne saurait être mauvais à suivre. Si le Très-
Haut consentit à lier tant soit peu les mains, j'en puis
faire autant, moi sa chétive et mortelle créature; je puis
faire un pacte puisqu'il en fit un, et jurer puisqu'il jura. »
Ayant de la sorte parlé l'un et l'autre, le roi, par lui-
même, et le peuple, par ses représentans, ils tombèrent
d'accord d'une Charte. Ainsi, *Charte*, c'est simplement
une convention entre les gouvernans et les gouvernés.
Et gouverner, si je l'entends bien, c'est gérer les affaires
d'hommes réunis pour vivre plus sûrement et plus com-
modément. C'est à cette fin qu'ils veulent qu'on les ré-
gisse en vertu d'une convention réciproque, Charte ou
constitution.

La première vérité (vérité c'est plus que droit) écrite
en notre Charte, c'est l'égalité des citoyens. De là, égale
participation aux avantages et aux charges de la Société,
c'est-à-dire que tous ont même droit aux emplois et
honneurs, et que tous aussi contribuent également à la
soutenir et défendre.

Cette égalité, bien établie, bien comprise, suffirait sans
doute ; et chacun jouirait, avec elle, de tous les avantages
communs, et de tous ceux qu'il pourrait se procurer lui-
même. Mais, en matière si délicate, il n'est de pré-
caution superflue. Notre Charte doit courir bien des
hasards; armons la de notre mieux.

De ce qu'un homme est l'égal de tous les autres, il s'en-
suit évidemment que nul n'a droit sur autrui, et n'en peut
devenir maître, à moins de se faire conquérant ou loup.
L'homme donc est libre ; et cette liberté fut donnée à

tout ici bas. L'oiseau qui vole, l'insecte dans l'herbe, les
arbres, la fleur tout vit sans gêne et sans entraves, de droit
si ce n'est pas de fait; et c'est ainsi que l'a voulu la nature qui en sait plus qu'aucun de nous.

O vous tous, petits et grands, je vous en conjure, à
moins que les emprisonnés n'aient forfait aux droits d'autrui, maudissez les emprisonneurs, fussent-ils agens de
police!

Être libre sera donc le second point en notre Charte;
et la liberté, c'est le droit de faire tout ce qui n'est pas
défendu par la loi, telle, bien entendu, qu'elle doit être
faite.

La liberté, ou le droit de faire, comprend celui de
parler, cela va sans dire; et que cela soit avec la langue,
avec la lettre écrite ou moulée, c'est toujours parler ;
c'est parler à dix, à vingt, à cent mille.

Elle comprend le droit de pratiquer, comme on l'entend, telle religion qu'on s'est faite ou choisie, qu'on soit
catholique latin avec le pape, ou français avec l'abbé
Chatel, ou juif, ou protestant, ou saint-simonien. Le droit
religieux offre ce caractère particulier, que de vouloir
en défendre l'usage est plus encore absurdité que
tyrannie.

Il en est de même de l'exercice des professions et de
l'industrie. Car il faut vivre avant tout, et l'on ne vit
plus sans faire quelque chose de ses deux bras, dont il
doit être permis à chacun de faire ce que bon lui semble,
hors cependant des bras d'escrocs et de malfaiteurs.

Enfin, la liberté garantira l'indépendance absolue du
juge; c'est-à-dire qu'entre nous la loi seule décidera, jamais la force, que cette force brutale soit celle de la
police ou de l'émeute, des coups de fusil ou des coups
de pierre, et même des coups de poing.

Ainsi, droit d'agir, de parler, de prier, de travailler
à sa guise, d'être jugé comme il convient, ne voilà-t-il pas
le plus important. Mais tous ces droits ne vont point de la
part de ceux qui en veulent jouir sans des devoirs ; car
enfin, si quelqu'un mal avisé me prétend troubler dans
ma jouissance, que faire? Irai-je, affilant ma dague, le
percer de part en part ?.... Il faut donc un pouvoir, un
gouvernement qui soumette à la loi commune toutes les
volontés particulières. Or, de ce gouvernement qui a ses
droits aussi, et envers lequel nous avons des devoirs à

remplir, de ce pouvoir tel qu'il doit être d'après la constitution, et pour l'avantage de tous, nous parlerons après
avoir repris haleine.

La vraie politique à l'usage des peuples.

(Bon sens.)

❧

Quelques Vérités.

Alors que les hommes de l'opposition patriote répètent
incessamment que les impôts sont mal assis ; les organes
du juste milieu demandent en quoi et pourquoi? Eh bien,
les impôts sont mal assis :

1° Parceque , le maçon, le tailleur, le forgeron , etc. ,
que le besoin de travail conduisent à Aix , payent deux
francs pour leur passeport comme le millionnaire ; cependant celui-ci écrase , avec sa voiture et ses chevaux , le
chemin que l'ouvrier craint de fouler avec ses souliers fer-
rés , dont il doit se servir un an au moins ; les 40 sous
toutefois auraient nourri l'artisan deux jours, et le riche,
c'est à peine s'il s'aperçoit de cette rétribution :

Qui voyage par distraction doit seul payer.

2° Parceque, le vin commun, simple boisson du pauvre,
paye à l'octroi tout autant que les fins vins de Bordeaux,
de Champagne , etc. , dont le riche s'humecte le gosier:

Qui boit sans soif doit seul payer.

3° Parceque , le gibier ne produit rien aux barrières,
tandis que le maigre mouton , ou la vache étique sont im-
posés; il est vrai que le pauvre se nourrit de grosse viande
et les riches de bécasses.

Qui mange sans appétit doit seul payer.

4° Parceque , les fenêtres des palais ne sont pas plus
côtées que celles des masures.

Qui est logé comme six doit au moins payer comme
quatre.

5° Parceque, le sel, ce besoin du pauvre , est largement
imposé, lorsque les truffes et les autres délicatesses des
cuisines oppulentes ne payent rien.

Qui se fait des besoins factices doit seul payer.

En un mot, qui a plus doit plus, qui a moins doit moins,
ou autrement un sou du pauvre vaut cent louis du riche.

Aujourd'hui trois partis se disputent le pouvoir, les partisans d'Holy-Rood flattent bassement le peuple, promettant beaucoup de liberté et point d'impôts ; on les a connus ces tartuffes de loyauté.

Les partisans du ministère sont gorgés d'or ; ils possèdent les emplois et les honneurs; ils se disent les seuls amis du peuple, et ils l'écrasent d'impôts.

Les autres sont *peuple*, ils ont eu la puissance jadis, alors, alors seulement les impôts furent justement repartis. Mais alors les rois tremblèrent, les nobles émigrèrent, les oisifs pâlirent, les prêtres conspirèrent; puis la république tomba. Aujourd'hui, ceux qui aiment le peuple et la justice sont persécutés : on les traite de bousingots : ils sont patriotes.

LES GRANDS ET LES PETITS.

Un des graves sujets des débats existant dans le drame politique qui s'agite en Allemagne, est celui de la liberté de la presse. D'une part, les grands que l'on nomme rois et empereurs, propriétaires de peuples, de leurs monumens, de leurs richesses, de leurs têtes et de leurs bras, par succession, comme nous le sommes par héritage des fermes et des basses cours de nos pères, répudient cette faculté d'écrire et de penser. Récoltant sans semer, prélevant sans rendre compte, décidant au hasard du sort des habitans, s'occupant beaucoup moins du bien être du peuple que de leurs personnes, de leur pouvoir et de leur jouissance, la presse ne peut guère leur convenir parcequ'elle s'avise quelquefois de ne pas trouver tout excellent.

D'autres parts, les petits, Allemands, Anglais, Français, Belges, etc., simples industriels, laboureurs, militaires, commerçans, tiennent à jouir du fruit de leurs labeurs. Vivant eux et leurs familles du produit de leurs bras ou de leur industrie, ils sont intéressés à ce que les affaires du pays aillent bien, s'agrandissent et s'améliorent; ils savent combien ils seraient tous heureux, si les grands étaient réellement les pères de la commune patrie, les soutiens du peuple, les protecteurs de ses intérêts, les défenseurs de ses droits, et si la presse leur rappelait incessamment ce qu'ils doivent faire et ce qu'ils doivent éviter pour le bonheur commun.

Voyez, ont dit les grands, ce que nous deviendrions, si nous laissons de pareilles gens s'instruire, se mêler de ce qui se fait, de ce que leurs fonds deviennent, de ce qui se passe chez l'étranger, et nous ennuyer continuellement de leurs doléances. Nous, nos bons ministres, nos agents secrets, nous n'aurions plus de repos, et nous finirions par être réduits, comme le Roi d'Angleterre, à entendre toujours parler de nation, de liberté, et à ne plus avoir une volonté.

C'est le moment de renforcer notre sainte-alliance.

Nous avons pour nous les légitimistes, les doctrinaires, le haut et bas clergé, la foule moutonnière des honnêtes gens et des propriétaires, que nous ferons trembler au mot de liberté, et celle plus grande encore d'intriguants, d'ambitieux et d'égoistes à nous de droit par les places, l'or et les cordons. Tous nous aideront, nous féliciteront, et alors, rois anciens, rois nouveaux, (le saint-père y compris), ne formeront plus qu'une famille pour *la paix et le bonheur des nations.*

Les petits, dans leurs comités, ont pensé différemment, ils ont jeté les yeux sur les vastes parties des territoires qu'ils occupent, leur nombre et leurs forces. Mesurant ensuite la taille et le génie des grands, et ne leur trouvant que la stature ordinaire, ils ont été frappé de la ruse du renard, contre la bonhomie du lion. Ils se sont rappelé toutes leurs suppliques et remontrances rejetées ; ils ont vû le pouvoir absolu changeant et rétrécissant les hommes et les idées ; le prestige du droit divin dominant au point que, même la seule élection qui se faisait en Europe, celle du roi prêtre dans le pays Romain, n'était tolérée qu'à la condition qu'il régnerait aussi par le ciel, d'après les principes de ses très-nobles et très-hauts confrères. Mieux avisés alors sur leurs intérêts, ces plébéiens ont apprécié les importants services rendus par cette liberté de la presse aux États-Unis, dans l'espace seulement d'un demi-siècle, et ses immenses résultats en Angleterre par l'effet de l'esprit d'association générale d'instruction, et de correspondance de la grande famille sur tout ce qui avait rapport aux intérêts du pays, à son agrandissement, à son commerce, au progrès de tous les genres d'industrie, et au maintien de sa liberté et de sa gloire.

Ils ont vu que tous les habitants, même l'ouvrier, l'homme de peine, ne se croiraient pas anglais ou américains, si chaque jour ils ne lisaient pas leurs journaux, et si, en buvant leur pot de porter, ils ne portaient pas un toast à la Grande-Bretagne ou aux États-Unis, au milieu de leurs femmes et de leurs enfans, comme eux patriotes de-naissance.

En effet, qui pourrait le démentir? sans cette liberté de la presse, ces peuples seraient-ils devenus ce qu'ils sont? Leurs gouvernemens seraient-ils aussi puissans de la force nationale, et l'Anglais aurait-il pu obtenir que, récemment encore, son roi se rangeât sous la bannière populaire pour la réforme, et que les doctrinaires de l'aristocratie et du clergé de la chambre des lords, traduits à la barre de la nation, fussent contraints de suivre la même ligne?

Imitons ces peuples et leurs chambres des communes, ont dit les petits vexés par les grands; et puisque la vigne croit sur notre territoire, portons, aussi le verre à la main, nos toast à la libre émission de la pensée qui émancipera notre pays. A. MASSON.

Suite d'un Rêve.

Et ce spectacle si imposant de force et de grandeur, si touchant de générosité, m'émut jusqu'aux larmes : « Que je vive maintenant, me dis-je, car désormais je puis espérer. »

Cependant, à peine le cri solennel de l'*égalité* et de la *liberté* eut-il retenti sur la terre, qu'un mouvement de trouble et de surprise s'excita au sein des nations; et d'une part la multitude émue de désir, mais indécise entre l'espérance et la crainte, entre le sentiment de ses droits et l'habitude de ses chaînes, commença de s'agiter; d'autre part, les rois réveillés subitement du sommeil de l'indolence et du despotisme, craignirent de voir renverser leurs trônes; et partout ces classes de tyrans civils et sacrés, les nobles et les prêtres, qui trompent les rois et oppriment les peuples, furent saisis de rage et d'effroi; et tramant des desseins perfides : « Malheur à nous, dirent-ils, si le cri funeste de la *liberté* parvient à l'oreille de la multitude ! Malheur à nous si ce pernicieux esprit de *justice* se propage !......» et voyant flotter l'étendart tricolore : « Concevez-vous l'essaim de maux renfermés dans ces seules paroles ? Si tous les hommes sont *égaux*, où sont nos droits exclusifs d'honneur et de puissance ? Si tous sont ou doivent être libres, que deviennent nos esclaves, nos serfs, nos propriétés ? Si tous sont égaux dans l'état civil, où sont nos prérogatives de naissance, d'hérédité ? et que devient la noblesse ? S'ils sont tous égaux devant Dieu, où est le besoin de médiateurs? et que devient le sacerdoce ! Ah! pressons-nous de détruire un germe si fécond, si contagieux ! Employons tout notre art contre cette calamité ; effrayons les rois, pour qu'ils s'unissent à notre cause. Divisons les peuples, et suscitons-leur des troubles et des guerres. Occupons-les de combats, de conquêtes et de jalousies. Alarmons-les sur la puissance de cette nation libre. Formons une grande ligue contre l'ennemi commun. Abattons cet étendard sacrilége, renversons ce trône de rebellion, et étouffons dans son foyer cet incendie de révolution. »

Et en effet, les tyrans civils et sacrés des peuples formèrent une ligue générale; entraînant sur leurs pas une multitude contrainte ou séduite, ils se portèrent d'un mouvement hostile contre la nation libre, et investirent à grands cris l'autel et le trône de la loi naturelle : « Quelle est, dirent-ils, cette doctrine hérétique et nouvelle? Quel est cet autel impie, ce culte sacrilège ?...... Sujets fidèles et croyants ! ne semblerait-il pas que ce fut d'aujourd'hui que l'on vous découvre la vérité, que jusqu'ici vous eussiez marché dans l'erreur, que ces rebelles, plus heureux que vous, ont seuls le privilège d'être sage ! Et vous, peuple égaré, ne voyez-vous pas que vos nouveaux chefs vous trompent, qu'ils altèrent les principes de votre foi, qu'ils renversent la religion de vos pères? Ah tremblez que le courroux du ciel ne s'allume, et hatezvous, par un prompt repentir, de réparer votre erreur.

Mais, inaccessible à la suggestion comme à la terreur, la nation libre garda le silence ; et, se montrant toute entière en armes, elle tint une attitude imposante.

Et le législateur dit aux chefs des peuples : « Si, lorsque nous marchions un bandeau sur les yeux, la lumière éclairait nos pas, pourquoi, aujourd'hui qu'il est levé, fuirat-elle nos regards qui la cherchent? Si les chefs qui prescrivent aux hommes d'être clairvoyans, les trompent et les égarent, que font ceux qui ne veulent guider que des aveugles ? Chefs des peuples ! si vous possédez la vérité, faites-nous la voir : nous la recevrons avec reconnaissance ; car nous la cherchons avec désir, et nous avons intérêt de la trouver : nous sommes hommes, et nous pouvons nous tromper ; mais vous êtes hommes aussi, et vous êtes également faillibles. Aidez-nous donc dans ce labyrinthe où, depuis tant de siècles, erre l'humanité ; aidez-nous à dissiper l'illusion de tant de préjugés et de vicieuses habitudes, concourez avec nous, dans le choc de tant d'opinions qui se disputent notre croyance, à démêler le caractère propre et distinctif de la vérité. Terminons dans un jour les combats si longs de l'erreur : établissons entre elle et la vérité une lutte solennelle : appelons les opinions des hommes de toutes les nations : convoquons l'assemblée générale des peuples : qu'ils soient juges eux-mêmes dans la cause qui leur est propre ; et que, dans le débat de tous les systèmes, nul défenseur, nul argument ne manquant aux préjugés ni à la raison, le sentiment d'une évidence générale et commune fasse enfin naître la concorde universelle des esprits et des cœurs. »

Ainsi parla le législateur ; et la multitude, saisie de ce mouvement qu'inspire d'abord toute proposition raisonnable, ayant applaudi, les tyrans, restés sans appui, demeurèrent confondus.

Alors s'offrit à mes regards une scène d'un genre étonnant et nouveau : tout ce que la terre compte de peuples et de nations, tout ce que les climats produisent de races d'hommes divers, accourant de toutes parts, me sembla se réunir dans une même enceinte ; et là, formant un immense congrès, distingué en groupes par l'aspect varié des costumes, des traits du visage, des teintes de la peau, leur foule innombrable me présenta le spectacle le plus extraordinaire et le plus attachant.

Et, à la vue de tant d'êtres animés et sensibles, embrassant tout à coup l'immensité des pensées et des sensations rassemblées dans cet espace ; d'autre part, réfléchissant à l'opposition de tant de préjugés, de tant d'opinions, au choc de tant de passions d'hommes si mobiles, je flottais entre l'étonnement, l'admiration et une crainte secrète....., quand le législateur, ayant réclamé le silence, attira toute mon attention.

« Habitans de la terre, dit-il, une nation libre et puissante vous adresse des paroles de *justice* et de *paix*, et elle vous offre de sûrs gages de ses intentions dans sa conviction et son expérience. Long-tems affligée, des mêmes maux que vous, elle en a recherché la source ; et elle a trouvé qu'ils dérivaient tous de la violence et de l'injustice, érigées en lois par l'inexpérience des races passées, et maintenues par les préjugés des races présentes : alors, annulant ses institutions factices et arbitraires, et remontant à l'origine de tout droit et de toute raison, elle a vu qu'il existait dans *l'ordre même de l'univers*, et dans la constitution physique de l'homme, des lois éternelles et immuables, qui n'attendaient que ses regards pour le rendre heureux. O hommes ! élevez les yeux vers ce ciel qui vous éclaire ! jetez-les sur cette terre qui vous nourrit ! Quand ils vous offrent à tous les mêmes dons, quand vous avez reçu de la puissance qui les meut la même vie, les mêmes organes, n'en avez-vous pas reçu les mêmes droits à l'usage de ses bienfaits ? ne vous a-t-elle pas, par-là même, déclarés tous égaux et libres ? Quel mortel osera donc refuser à son semblable ce que lui accorde la nature ! O nations ! bannissons toute tyrannie et toute discorde ; ne formons qu'une même société, qu'une grande famille ; et puisque le genre humain n'a qu'une même constitution, qu'il n'exsite plus pour lui qu'une loi, celle de la nature ; qu'un même code, celui de la raison ; qu'un même trône, celui de la *justice* ; qu'un même autel, celui de l'union. »

Il dit ; et une acclamation immense s'éleva jusqu'aux cieux : mille cris de bénédiction partirent du sein de la multitude ; et les peuples, dans leurs transports, firent retentir la terre des mots d'*égalité*, de *justice*, d'*union*. Mais bientôt à ce premier mouvement en succéda un différent ; bientôt les docteurs, les chefs des peuples, les excitant à la dispute, je vis naître d'abord un murmure, puis une rumeur, qui, se communiquant de proche en proche, devint un vaste désordre ; et chaque nation élevant des prétentions exclusives, réclamait la prédominance pour son code et son opinion.

« Vous êtes dans l'erreur, se disaient les partis en se montrant du doigt les uns les autres ; nous seuls possédons la vérité et la raison ; nous seuls avons la vraie loi, la vraie règle de tout droit, de toute justice, le seul moyen du bonheur, de la perfection ; tous les autres

hommes sont des aveugles ou des rebelles. » Et il régnait
une agitation extrême.

Mais le législateur ayant réclamé le silence : « Peuples,
dit-il, quel mouvement de passion vous agite? Où vous
couduira cette querelle? Qu'attendez-vous de cette dissen-
sion! Depuis des siècles la terre est un champ de disputes,
et vous avez versé des torrens de sang pour des opinions
chimériques : qu'ont produit tant de combats et de larmes? Quand le fort à soumis le faible à son opinion,
qu'a-t-il fait pour la vérité et pour l'évidence? O nations!
prenez conseil de votre propre sagesse! Quand, parmi
vous, une contestation divise des individus, des familles,
que faites-vous pour les concilier? Ne leur donnez-vous
pas des arbitres ? « Oui, s'écria unanimement la multitude.» Eh bien? donnez-en de même aux auteurs de vos
dissentimens. Ordonnez à ceux qui se font vos instituteurs,
et qui vous imposent leurs croyance d'en débattre devant
vous les raisons, Puisqu'ils invoquent vos intérêts, con-
naissez comment ils les traitent. Et vous, chefs et docteurs
des peuples, avant de les entraîner dans la lutte de vos
systèmes, discutez-en contradictoirement les preuves.
Établissons une controverse solennelle, une recherche
publique de la vérité. non devant le tribunal d'un in-
dividu corruptible ou d'un parti passionné, mais en face
de toutes les lumières et de tous les intérêts dont se
compose l'humanité , et que le sens naturel de toute
l'espèce soit notre arbitre et notre juge. »

VOLNEY.

PÉTITION

à la Chambre des Députés. (1)

Les soussignés exposent les faits et les vœux suivants :
De fait, la France est divisée en deux classes.

La première, composée de moins d'un million d'habitans, représentée par 150 mille électeurs ;

La seconde, de plus de 30 millions d'individus, représentée par personne.

La première, par le moyen de ses électeurs, nomme ses députés, qui font et défont les rois, votent les impots, disposent par leur influence de presque tous les emplois, etc, etc, ;

La seconde, qui n'est rien, n'a entrée dans aucune assemblée, n'a aucun droit à exercer, et ne semble née que pour obéir, travailler, suer, payer et se taire.

La première, qui s'est donné les titres de princes, ducs, comtes et barons, double, triple, quadruple décorations, qui s'appelle aussi gens du bon ton, honnêtes gens, gens comme il faut, et qui est presque seule partie prenante du budget, qu'elle enfle à son gré, et toujours de plus en plus ;

La seconde, qui se compose en grande partie d'hommes industriels, artisans, laboureurs, hommes de lettres, avocats, médecins, etc, etc, que Messieurs les privilégiés appellent, boutiquiers, prolétaires, gens du commun, petites gens, gens de rien, canaille, populace, et de mille autres noms aussi méprisants.

(1) Copie de cette pétition est déposée à l'imprimerie de Mme Ve Requier, rue Vacon, n° 53, sur la place royale. On ne doute pas de l'empressement que mettront tous les bons citoyens à y apposer leurs signatures,

La première , qui jouit de tous les avantages sociaux, impose les boissons, le sel, les comestibles, le chanvre, la laine, le coton; le cuir et *l'air*, de telle manière que, sous ces différens rapports, les petites gens contribuent, non en raison de la propriété, mais par tête et autant, que les honnêtes gens même millionnaires ;

La seconde, taillable à merci. payant sous le nom de patente et de droit proportionnel la permission de vendre à ces messieurs et à ceux de sa classe , souliers et bas , viandes et légumes, qui, pour la plupart, ne prenant l'air que par des trous de soupiraux ou de lucarnes , se voit taxée autant que le riche pour ses châteaux et ses palais.

Qui paie 6 à 7 sols pour un litre de mauvais vin , ou une livre de sel , dont la valeur réelle est souvent quatre à cinq fois moindre.

, La première, qui a inventé à sont profit le monopole des grains, pour augmenter ses revenus;

La seconde, qui, par suite de ce monopole sur lequel elle n'a pas même été consultée, paie le pain de quatre livres. 15, 16, 17 et jusqu'à 18 sols, tandis que le prix ne devrait jamais s'élever au-dessus de 12.

La première, qui seule possède les maisons, les forêts, les terres , tous les emplois , toutes les dignités et ne fournit pas un trentième de la conscription.

La seconde, dont la plus grande partie n'a guères que ses bras et sa misère, à qui l'on dit : tu enverras à l'armée tes nombreux enfants, lesquels auront l'honneur de défendre nos propriétés, de nous faire un rempart de leurs corps et de servir de chair à canon : cependant, cette classe ne réclame point contre cet impôt du sang, elle est toujours prête à fournir à la patrie son trentuple contingent, mais elle pense que c'est à juste titre qu'elle veut sortir de sa nullité.

Quoique toutes les lois aient été faites sans nous, et presque toutes contre nous, nous nous contentons de cet exposé fidèle de notre position. Restant convaincus que notre pétition n'est point de nature à être méprisée, nous nous résumons par demander.

1° La suppression du monopole sur les grains,
2° La suppression de l'impôt sur les boissons;
3° La suppression de l'impôt sur le sel ;
4° La suppression des barrières ;
5° La suppression de l'impôt du timbre sur les affiches

et les journaux afin que l'instruction soit accessible à toutes les classes.

6° La suppression des fonds secrets, moyen de soudoyer des assommeurs et d'acheter des devoûments ;

7° La suppression de la centralisation, autre moyen de corruption. Il ne peut être détruit qu'en rendant aux communes le droit de nommer leurs maires et autres fonctionnaires ; aux départemens celui de nommer leurs administrateurs et leurs magistrats, à la garde nationale celui de nommer tous ses officiers.

8° La suppression de la mendicité, la société assurant à chacun de ses membres, protection, travail, ou secours.

9° Et pour garantie le droit d'élection et d'éligibilité, à tout français, agé de 25 ans, domicilié et porté sur le rôle des contributions, sachant lire et écrire.

Pour suppléer aux charges iniques dont nous réclamons la suppression, nous demandons que l'impôt soit mis en rapport avec la fortune. C'est la seule base approuvée par le droit et la raison, la seule aussi qui soit conforme à cet article de la constitution. « *Les francais-contribuent indistinctement, dans la proportion de leur fortune, aux charges de l'Etat,* » La justice et le repos de du pays exigent donc au plutôt l'établissement de l'impôt progressif.

Puissent les représentans de la classe privilégiée entendre la voix de cette première liste de signataires et ne pas, attendre qu'elle soit appuyée par des cris innombrables qui au besoin, ne manqueraient pas de s'élever, car le temps est venu ou sur toute la surface de la France, les hommes se connaissent et ont le sentiment de leurs droits.

Fait à Marseille, etc,.

(suit un grand nombre de signatures)

QU'EST-CE QUE LA LIBERTÉ?

Il n'y a point de mot qui ait frappé les esprits de tant de manières que celui de liberté.

Les uns (nos pères il y a plus de mille ans, étaient de ce nombre) ont appelé liberté, la facilité de déposer, c'est à-dire, destituer celui à qui ils avaient donné un pouvoir tyrannique autrement dit le pouvoir de tout faire. Ceux-là en nommant un chef ou un roi, ils lui tenaient ce langage: Tu seras élevé au-dessus de nous, nous nous obligeons à t'obéir, te respecter, te fournir des soldats et de l'argent, mais en revanche nous attendons de toi, protection et secours contre les ennemis du dehors et les voleurs du dedans, tu jugeras ou feras juger nos contestations sans partialité : tu auras le pouvoir de tout faire pour protéger nos biens, nos personnes, nos femmes, et nos enfans. Mais le jour que tu cesseras de veiller à nos intérêts, nous cesserons de te regarder comme notre père, et nous élirons un chef plus digne et plus capable que toi. Telle est l'origine des rois.

Mais il est arrivé que parmi les rois ainsi nommés, il s'est trouvé des hommes méchans. Avec l'argent qu'on leur donnait, pour protéger le peuple, ils ont corrompu leurs satellites ; avec les satellites, ils ont opprimé le peuple. Les soldats ont été récompensés de leur brigandage par des honneurs, de l'argent, des titres de noblesse, etc. Ces premiers rois méchans étant morts, le peuple voulut reprendre sa première liberté et faire un meilleur choix, mais les brigands en place, les satellites et gardes du roi défunt craignant d'être obligés à restitution et de perdre les terres, l'argent et les titres de noblesse qu'ils avaient volés, redoublèrent d'éfforts et nommèrent pour roi le fils de leur maître. Celui-là élevé selon les maximes du père, continua le même régime et transmit la couronne à ses fils. Telle est l'origine de la monarchie héréditaire et absolue. telle est aussi l'origine de la noblesse.

Il serait cependant injuste de dire que tous les nobles descendent en droite ligne des brigands qui créèrent la monarchie absolue et héréditaire. Depuis on a donné des titres de noblesse pour honorer certains hommes braves et vertueux ; mais ceux-là furent en petit nombre ; il arrivait bien plus souvent, que les titres de noblesse furent donnés à des marchands, des riches parvenus, pour une somme d'argent, ou bien à des hommes dont les femmes se prostituaient aux princes et aux rois. Qui connaît l'histoire, sait qu'en tout temps, dans toutes les cours (je préviens que j'excepte la cour de Louis-Philipe) on ne parvenait à rien que par la prostitution, le dérèglement des femmes. Mézeray, un de nos anciens historiens les plus véridiques , parle de l'introduction des femmes à la cour. « Du commencement, dit-il , cela eut de fort bons effets, cet aimable sexe y ayant amené la politesse et la courtoisie, en donnant de vives pointes de générosité aux ames bien faites. Mais depuis que l'*impureté* s'y fut mêlée, et que *l'exemple des plus grands eut autorisé la corruption*, ce qui était auparavant une belle source d'honneur et de vertu, ADVINT UN SALE BOURBIER DE TOUS LES VICES ; *le déshonneur* SE MIT EN CRÉDIT, LA PROSTITUTION SE SAISIT DE LA FAVEUR, on *y entrait*, on *s'y maintenait par ce moyen*; bref, les charges et les emplois se distribuaient à la fantaisie des femmes, et parce que d'ordinaire, quand elles sont une fois déréglées, elles se portent à l'injustice, aux fourberies, à la vengeance et à la malice avec bien plus d'effronterie que les hommes mêmes, elles furent cause qu'il s'introduisit de très-méchantes maximes dans le gouvernement, et que l'ancienne candeur gauloise fut rejetée *encore plus loin que la chasteté. Cette corruption commença sous le règne François I*er*, se rendit presque universelle sous celui de Henri II et se* DÉBORDA ENFIN JUSQU'AU DERNIER PÉRIODE SOUS *Charles IX et Henri III. »* (Mezeray, Hist. de Fr. Henri III. tome 3 , pag. 446-447)

L'immortel auteur de l'*Fsprit des Lois* , Montesquieu, dit : « L'ambition dans l'oisiveté , la bassesse dans l'orgueil , *le désir de s'enrichir sans travail*, l'aversion pour la vérité; *la flatterie*, la trahison, la perfidie , l'abandon de tous ses engagemens, le mépris des devoirs du citoyen, la crainte de la vertu du prince, l'espérance de ses faiblesses , et plus que tout cela le ridicule perpétuel jeté sur la vertu , forment, je crois, le caractère du plus grand nombre des courtisans, marqué dans tous les lieux et dans tous les temps. »

Hommes simples , monarchiques et religieux, qui ne croyez que ce que vous disent les prêtres , si vous recusez l'autorité du philosophe Montesquieu et de l'historien Mezeray, écoutez un père de l'église, écoutez Massillon, évêque de Meaux : « Que de bassesses , dit-il, pour parvenir ! il faut paraître , non pas tel qu'on est , mais tel qu'on nous souhaite. Bassesse d'adulation , on encense et on adore l'idole qu'on méprise ; bassesse de lâcheté , il faut essuyer des dégoûts , dévorer des rebuts , et les recevoir presque comme des graces ; bassesse de dissimulation , point de sentiment à soi , et ne penser que d'après les autres ;

bassesse de dérèglement, devenir les complices et peut-être les MINISTRES des passions de ceux de qui nous dépendons... Ce n'est point là une peinture imaginée ; ce sont les mœurs des cours, ET L'HISTOIRE DE LA PLUPART DE CEUX QUI Y VIVENT. »

Ainsi, les premiers rois ont été choisis par des hommes et non par Dieu. Les souverains qui se disent rois par la grace de Dieu, ou par droit divin, autrement dit, les rois légitimes, sont des imposteurs, et descendent tous d'un usurpateur ou d'un méchant homme. Les partisans du droit divin, de la légitimité des rois, sont de bonnes gens qui ont oubliés leur dignité d'homme, et qui ne connaissent point l'histoire, ou des ambitieux qui veulent tout à leur aise, et sans contradiction, vivre aux dépens du peuple.

La *véritable* liberté naturelle, consiste dans le droit que la nature donne à tous les hommes de disposer de leur personne et de leurs biens, de la manière qu'ils jugent convenable à leur bonheur, sous la condition qu'ils n'en abusent pas au préjudice des autres hommes.

La liberté civile, consiste dans le droit de faire tout ce que les lois permettent, et à n'être point contraint de faire ce que les lois n'ordonnent pas, en tant que les lois sont approuvées par la majorité, c'est-à-dire, le plus grand nombre de ceux qui doivent y être soumis.

Il y a 25,000 fainéans en France, auxquels le gouvernement donne trente millions pour faire des prières et confesser les dévotes. La raison démontre que, si l'on donnait ces trente millions aux vingt-cinq mille soldats qui ont le mieux servi la patrie et qu'on marierait au sortir du service ; ou bien aux vingt-cinq mille ouvriers qui ont le plus d'enfants, il y aurait vingt-cinq mille bons citoyens récompensés, vingt-cinq mille filles pourvues, cent mille personnes au moins de plus dans l'État, au bout de dix ans, au lieu de vingt-cinq mille fainéans : elle démontre encore, que ces vingt-cinq mille fainéans rendus à la patrie, cultiveraient la terre, la peupleraient, et qu'il y aurait plus de laboureurs et de soldats. Voilà ce que tout le monde désire depuis long-temps. La superstition et l'ignorance d'une partie de la population si oppose ; mais la raison et les lumières du peuple écraseront la superstition.

Les Députés de la France, peuvent dans un seul jour doter le pays de ce grand bienfait; et si quelqu'un dit aux députés : que deviendront les dévotes qui veulent communier et se confesser deux ou trois fois par semaine : « Elles deviendront ce qu'elles deviennent aux États-Unis et dans une foule d'autres royaumes. Si elles veulent des prêtres, elles les paieront de leur argent. »

Une femme qui nourrit deux enfans, et qui file ou soigne son ménage, rend plus de service à la patrie qu'une dévote qui récite des prières en latin qu'elle n'entend pas.

Il n'y a pas un siècle où la superstition n'ait causé de troubles qui font horreur. Il n'y a que des exemples de désordre et de calamités quand les prêtres dominent.

DE L'INTÉRÊT QUE LE PEUPLE DOIT PRENDRE

A LA POLITIQUE ÉTRANGÈRE.

Il faut se bien persuader que l'Europe entière, avec tous les peuples qui la composent, Français, Polonais, Allemands, Anglais, Prussiens, Russes, etc., forme une grande famille. Les membres en sont nombreux; leurs langues, leurs mœurs sont différentes ; mais au fond ils sont tous un même intérêt qui les unit, c'est celui d'être libres et heureux. C'est là le but où tous veulent arriver : mais ils rencontrent souvent des obstacles dans leur chemin. Au lieu de rester en paix entre eux, ils se trouvent souvent poussés, et presque toujours sans qu'ils le veuillent, à se faire la guerre, et à se nuire mutuellement, au lieu de ne penser qu'à goûter, et à échanger, comme des frères les bienfaits de leurs civilisation, de leur industrie et de leur commerce. La plupart du temps, ces guerres sont suscitées, non par les peuples eux-mêmes qui y perdent presque toujours ; mais par les hommes qui sont à leur tête, et qui forment le gouvernement, De là les invasions et les combats dont nous avons été témoins, acteurs ou victimes depuis quarante années. En 1792, ce furent les gouvernemens prussiens et autrichiens qui vinrent attaquer la France. Assurément les peuples d'Autriche et de Prusse ne s'inquiétaient pas le moins du monde de ce qui se passait en France : mais les princes de ces deux pays craignant que la liberté de la France, notre liberté, ne leur fit perdre une partie de leur puissance sur leurs sujets, qui voulaient être libres comme nous, résolurent d'étouffer notre révolution, et firent la grande invasion que nos braves soldats arrêtèrent.

La même chose peut arriver encore une fois de nos jours ; et même aujourd'hui, il est certain qu'une réunion d'ennemis, une coalition, comme nous en avons vu en 1792, en 1796, en 1800, 1805, 1809, 1812, 1814 1815, existe contre la France. Nous avons donc le plus grand intérêt à savoir ce que les gouvernemens étrangers peuvent comploter contre nous : s'ils veulent vivre en paix avec nous, tant mieux ; gardons la paix, car elle est bien préférable à la guerre ; mais s'ils veulent venir nous attaquer, comme ils l'ont déjà fait si souvent, il faut nous préparer pour nous défendre, et ce serait un grand tort à nous de ne pas chercher à bien connaître quels sont leurs véritables desseins. Il y a en outre des peuples auxquels nous nous intéressons, soit parce que ces peuples nous ont autrefois secourus, soit parcequ'ils peuvent encore aujourd'hui nous aider à nous défendre. Ainsi nous nous intéressons aux Polonais, parce qu'ils ont été long-temps nos alliés, et qu'ils ont essayé bravement d'être libres comme nous Il est même certain qu'ils n'ont fait leur dernière révolution que pour empêcher les Russes de marcher contre la France. Aujourd'hui nous devons nous intéresser aux Allemands qui veulent aussi conquérir leur liberté ; car si les Allemands sont vaincus comme les Polonais, rien n'empêchera plus les Russes de venir essayer de punir la France d'avoir donné l'exemple de l'insurrection à la Pologne.

Chacun de nous doit donc s'instruire de la politique étrangère, parce que chacun peut être obligé, d'un moment à l'autre, de recourir aux armes pour défendre son pays contre les attaques des étrangers, et qu'en attendant, il est prudent de connaître leurs projets et leurs préparatifs.

FIN.

www.ingramcontent.com/pod-product-compliance
Lightning Source LLC
Chambersburg PA
CBHW072024290326

41934CB00011BA/2787